AF380991

Analyse de l'œuvre

Par Guillaume Peris et Lucile Lhoste

Lettres persanes

de Montesquieu

lePetitLittéraire.fr

Rendez-vous sur lepetitlitteraire.fr et découvrez :

Plus de 1200 analyses
Claires et synthétiques
Téléchargeables en 30 secondes
À imprimer chez soi

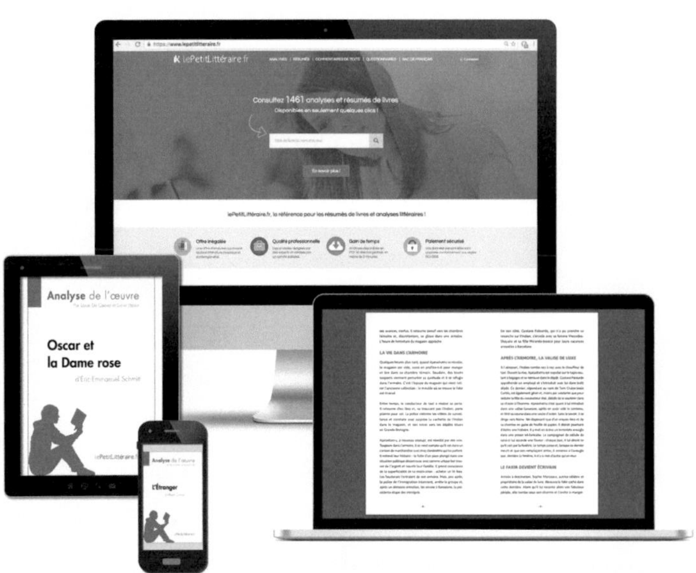

MONTESQUIEU

ÉCRIVAIN ET PHILOSOPHE FRANÇAIS

- **Né en 1689 au château de La Brède (Gironde)**
- **Décédé en 1755 à Paris**
- **Quelques-unes de ses œuvres :**
  - *Le Temple de Gnide* (1724), poème
  - *Considérations sur les causes de la grandeur des Romains et de leur décadence* (1734), essai
  - *De l'esprit des lois* (1748), essai

Montesquieu connait une carrière éclectique : après des études de droit, il devient notamment président à mortier (magistrat) au parlement de Bordeaux et entre à l'académie des sciences de Bordeaux. En 1721, il publie les *Lettres persanes*, qui rencontrent un grand succès.

Ce roman épistolaire, bien que publié sans nom d'auteur, lui ouvre les portes des salons, notamment ceux de Mme de Lambert (femme de lettres française, 1647-1733) et de Mme de Tencin (femme de lettres française, 1682-1749).

Il est ensuite élu à l'Académie française en 1728. La même année, il entreprend un immense voyage de trois ans à travers l'Europe. C'est pour lui l'occasion d'observer les divers régimes politiques. Ses réflexions aboutiront à la rédaction de l'une des plus célèbres de ses œuvres, *De l'esprit des lois*, publiée en 1748.

LETTRES PERSANES

COMPTE-RENDU D'UN VOYAGE EN ORIENT

- **Genre :** roman épistolaire
- **Édition de référence :** *Lettres persanes*, Paris, Le Livre de Poche, coll. « Les Classiques de Poche », 2001, 448 p.
- **1re édition :** 1721
- **Thématiques :** choc des cultures, société française, voyage, satire, mœurs, politique, religion

Les *Lettres persanes* paraissent à Amsterdam (Pays-Bas), sans nom d'auteur, en 1721. Montesquieu prétend n'en être que le traducteur afin d'éviter la censure. Ce roman épistolaire rend compte d'un voyage de huit ans à travers les lettres de deux Persans. Ceux-ci livrent leurs impressions et réflexions, tandis que leurs correspondants leur font part des évènements majeurs qu'ils vivent, et notamment de la vie du sérail (l'endroit habité par les épouses et concubines d'Usbek, l'un des protagonistes).

Ces lettres sont l'occasion d'observer la société française et ses coutumes, mais aussi sa religion et sa politique. Par ailleurs, Montesquieu nourrit le gout de ses contemporains pour l'Orient et leur fascination manifeste pour le sérail. Satiriques et souvent comiques, les *Lettres persanes* jettent aussi les premières pierres d'une réflexion profonde, notamment politique.

RÉSUMÉ

Les *Lettres persanes* décrivent la correspondance entre Usbek et Rica, deux Persans partis découvrir l'Occident, et leurs nombreux correspondants restés au pays. Partis d'Ispahan (ville perse située dans l'actuel Iran) pour arriver à Paris, ils engrangent une multitude de connaissances qu'ils critiquent avec plus ou moins de tolérance. Mais pendant ce temps, la situation au sérail (où sont restées les cinq femmes d'Usbek avec les eunuques [hommes castrés, gardiens du sérail]) se dégrade : l'ordre vacille et les femmes se libèrent de l'emprise masculine jusqu'au suicide final de Roxane, l'épouse préférée d'Usbek.

À LA DÉCOUVERTE DU MONDE OCCIDENTAL

Usbek et Rica, deux seigneurs persans, sont sur le point de quitter leur ville d'Ispahan pour entreprendre un voyage en Europe. Tous deux le conçoivent comme un voyage d'études, c'est-à-dire qu'ils sont motivés par la découverte d'une autre culture. Usbek a toutefois plusieurs desseins : en plus de sa curiosité, il est également poussé par la volonté d'échapper aux ennemis qui le menacent – il est trop vertueux pour la corruption qui règne à la cour – ; ses épouses, quant à elles, se plaignent de ce départ et de leur ennui au sérail dans plusieurs lettres.

LE SÉRAIL

À l'origine, le sérail est la partie d'une habitation turque habitée par les femmes. Le harem, quant à lui, désigne tant le groupe de femmes que leur lieu de séjour. Dans les *Lettres persanes*, comme dans de nombreuses œuvres littéraires occidentales, on constate une confusion entre les deux mots, sérail étant utilisé pour harem. Ce sérail, trait exotique assez populaire au XVIIIe siècle, fait l'objet des 15 dernières lettres de l'œuvre, au cours desquelles on assiste à la révolte des femmes, frustrées, à la disparition de tout ordre et au suicide de Roxane.

Les deux hommes quittent la Perse le 14 mars 1711 et traversent plusieurs pays, dont la Turquie et l'Italie. En chemin, ils s'étonnent des mœurs européennes qu'ils découvrent : Usbek est abasourdi par la liberté des femmes, inexistante chez lui, tandis que Rica fustige l'influence politique et religieuse à l'œuvre en France. En mai 1712, ils sont à Paris. À Mirza, l'un de ses amis qui lui demande pourquoi la vertu et la justice sont si importantes afin de répondre à une question qu'on lui a posée, Usbek raconte l'histoire des Troglodytes, un peuple dont le destin est guidé par la vertu.

À travers leurs propos, Usbek et Rica pointent progressivement du doigt les différences de culture entre l'Orient et l'Occident : les Parisiens connaissent l'amitié, le vin ou les discussions futiles, ce que les deux Persans découvrent, détaillent et parfois critiquent à destination de leurs correspondants. Ils prennent alors en particulier pour cible la religion, puisqu'ils réalisent qu'il y en a plusieurs en Occident et déplorent l'opposition qu'il y a entre elles. Les comportements européens rendent également Usbek et Rica assez perplexes. La médisance, le souci des apparences, l'infidélité ou encore la pratique du jeu en Europe leur sont totalement inconnus.

DES RÉFLEXIONS CONSTANTES

Tout n'est cependant pas que différences et critiques : Usbek constate ainsi que les Juifs d'Europe sont semblables aux Juifs de Perse, alors que Rica salue le fait que les Européens ne sont pas obligés de se conformer à ce qu'on veut qu'ils soient. À peu près à cette époque, le chef des eunuques appelle Usbek à l'aide, car la vie du sérail est mise à mal par les femmes. Usbek est obligé de leur adresser des lettres pour les rappeler à l'ordre.

Les lettres suivantes prolongent la réflexion d'Usbek et Rica sur la société française, dont ils contestent l'influence sur l'individu. Usbek réfléchit également au gouvernement idéal et commence à se montrer séduit par certaines coutumes occidentales qui rendent selon lui plus justice à la vertu de l'homme que le despotisme perse.

C'est à cette époque, en septembre 1715, que survient la mort du roi de France, Louis XIV (1638-1715). La régence est assurée par son neveu, Philippe d'Orléans (1674-1723), et les changements qui s'opèrent permettent à Usbek et Rica de constater à quel point la société française se corrompt. Leur regard se tourne alors vers l'Angleterre, qui constitue un meilleur modèle à leurs yeux en raison de la distance moins grande entre le roi et ses sujets.

Les deux hommes, ayant des considérations différentes, se séparent, mais continuent de partager leurs impressions par correspondance. Alors qu'Usbek s'étend sur la Constitution, le dépeuplement et, encore et toujours, la religion, Rica est plus léger : il évoque ses nombreuses rencontres ainsi que les situations absurdes auxquelles il est parfois confronté.

LA DÉGRADATION DU SÉRAIL

Usbek est finalement averti, une nouvelle fois, que la situation au sérail se dégrade. Le grand eunuque, l'auteur de la lettre l'informant de la situation, lui demande quoi faire. Les femmes se livrent en effet à l'adultère, chose inacceptable pour le seigneur. Usbek répond donc en donnant les pleins pouvoirs au grand eunuque, mais ce dernier meurt entretemps, et son successeur, Nasrit, ne reçoit pas les ordres immédiatement. Des lettres d'Usbek se perdent, contribuant à aggraver la situation en l'absence d'avis du maitre des lieux.

Selon Nasrit, tout va bien au sérail. Usbek, qui n'en croit rien, oublie les résolutions qu'il s'était forgées en Occident et redevient tyrannique en ordonnant que les femmes soient punies. Plusieurs d'entre elles lui écrivent des lettres pour se plaindre du tour que les évènements ont pris pour elles.

Solim, qui est chargé de faire régner l'ordre, apprend soudainement à Usbek une triste nouvelle : Roxane, son épouse préférée – celle dont il a, dans plusieurs lettres, loué la vertu et l'honneur –, a été surprise en flagrant délit d'adultère avec un autre homme, qui a été tué. Solim veut également punir Roxane, mais l'épouse infidèle prend les devants : dans une ultime lettre, elle avoue avoir toujours haï Usbek et son autoritarisme. Elle admet sa liaison, mais veut également recouvrer sa liberté : c'est pourquoi elle a choisi de se suicider. Elle a pour cela ingéré un poison qui fait effet pendant l'écriture de sa missive, et meurt en la terminant.

ÉTUDE DES PERSONNAGES

USBEK

Usbek est très attaché à sa patrie et passe pour un seigneur éclairé et respecté (on lui demande conseil plus d'une fois). Il entreprend le voyage en France, d'une part pour échapper à certaines représailles qui pèsent sur lui dans une cour corrompue, d'autre part pour étudier. Il quitte alors un sérail de cinq épouses.

C'est essentiellement sa soif de connaissance et son désir d'étudier qui permettent de le caractériser. Sa correspondance est très prolifique (il écrit pratiquement la moitié des lettres qui composent l'œuvre à lui seul), ce qui témoigne de sa volonté de faire parvenir à la Perse toutes ses observations sur l'Occident.

Usbek se livre à l'examen des mœurs françaises afin d'essayer de dégager une sorte de code moral universel, basé sur la raison et la vertu.

Toutefois, marqué par l'islam, il est d'une nature assez paradoxale. Ainsi, il se prétend époux, mais il traite ses femmes en maitre, en phallocrate ; il condamne la polygamie, mais il a lui-même plusieurs femmes ; il fait l'apologie de la frugalité, mais aussi celle du luxe. Autant il se montre de plus en plus tolérant au fur et à mesure de son voyage, autant son autoritarisme reprend le dessus quand il apprend ce qu'il se passe au sérail en son absence.

Resté éloigné de la Perse pendant huit ans, il est néanmoins attaché à l'ordre qui doit y régner, même en son absence. Ses ordres sont alors immédiats et extrêmement punitifs, en totale opposition avec ce qui transparait dans les lettres précédentes. C'est donc un personnage plein de contradictions, qu'il est assez difficile de cerner.

Dans sa dernière lettre, Usbek se dit très préoccupé par les évènements en cours au sérail. Profondément malheureux, il voudrait rentrer chez lui, mais, en même temps, a peur de ce qu'il va retrouver là-bas. Et de fait, son épouse préférée, Roxane, s'y suicide.

RICA

Rica est un homme plus jeune et d'origine plus modeste qu'Usbek. Incarnant la figure du philosophe en quête de sagesse, il apparait vif et moqueur. Il entreprend ce voyage pour des raisons plus spontanées qu'Usbek : c'est pour lui un voyage initiatique qui le comblera de belles découvertes et rencontres. Nombre d'entre elles sont rapportées dans ses lettres, qui constituent un gros quart de l'œuvre.

Ce personnage éprouve de temps à autre des difficultés à comprendre ce à quoi il est confronté, surtout lorsque cela concerne les complexités de la politique et de la religion. Cela ne l'empêche pas de poser un regard pertinent sur les mœurs françaises et les coutumes qu'il apprécie parfois.

Rica évolue vers le relativisme plus rapidement qu'Usbek et il est véritablement séduit par l'Occident, comme il l'avoue dans la lettre XXXVIII : « Tu vois, mon cher Ibben, que j'ai pris le goût de ce pays-ci, où l'on aime à soutenir des opinions extraordinaires et à réduire tout en paradoxe. » Cette séduction perdure, puisqu'Usbek avoue vers la fin de l'œuvre que Rica semble vouloir rester en France et cherche tous les prétextes pour ne pas rentrer.

LES AMIS

Les amis et les correspondants principaux des deux Perses sont Mirza, Ibben et Rhédi. Les deux premiers aspirent à élargir leurs horizons, tandis que Rhédi aime à essayer de comprendre les institutions. Ainsi, Mirza est l'interlocuteur privilégié des questions de mœurs quand Rhédi est celui des grands problèmes philosophiques.

LES EUNUQUES

Les eunuques sont des personnages ambigus en ce sens qu'ils sont à la fois maitres et esclaves. Figures de petits chefs, ils illustrent parfaitement la nature méprisable des gens de peu auxquels on confie une quelconque responsabilité et qui abusent immédiatement de leur autorité. Celle-ci est l'instrument de leur revanche sur leur condition, et ils n'en deviennent que plus facilement l'outil du despotisme.

Ils n'interviennent que pour solliciter l'avis d'Usbek ou rapporter les évènements du sérail, où ils ont du mal à contrôler les femmes que l'absence de leur mari rend plus libres.

LES FEMMES

Les principales femmes d'Usbek sont Zachi, Zélis et Roxane.

Sensuelle et infantile, Zachi est une femme soumise qui semble ne pas comprendre ce qu'il se passe. Elle apporte tout de même de l'eau au moulin de la dissension en entretenant une relation intime avec l'une de ses esclaves.

Zélis est plus subtile et s'interroge sur la condition féminine. En effet, elle prône d'abord la soumission de la femme, mais elle finit par clamer qu'elle n'aime plus Usbek. Elle se révolte à sa manière, en se dévoilant à la mosquée. Elle prend également l'initiative de faire entrer leur fille au sérail dès l'âge de 7 ans, sans en informer son mari dans un premier temps. Consciente de la forme d'enfermement qu'elle subit, elle estime néanmoins avoir plus vécu qu'Usbek, qui est entièrement dépendant des sentiments qu'il a pour elle.

Roxane, enfin, est présentée comme une femme vertueuse et comme l'épouse préférée d'Usbek – qui en vante les mérites dans plusieurs lettres. Pourtant, elle finit par être découverte dans les bras d'un jeune amant. Ce dernier attaque Solim et ses hommes, mais finit par mourir sous leurs coups. Roxane avoue alors à Usbek son imposture. Totalement opposée à l'image que son époux avait d'elle, elle n'a en réalité jamais tu ses désirs, jamais été la femme parfaite qu'il imaginait. Soumise en apparence, c'est en fait une femme forte et libre. Anéantie par la mort de son amant, elle se révolte au point de choisir la mort et d'affirmer ainsi sa liberté.

CLÉS DE LECTURE

UN ROMAN ÉPISTOLAIRE DE RENOM

Le roman épistolaire désigne de façon générale une œuvre de fiction composée des lettres que les personnages sont supposés s'être envoyées. On trouve des précurseurs du genre dès l'Antiquité avec, par exemple, les *Lettres* d'Alciphron (rhéteur et écrivain grec, vers le IIIe siècle av. J.-C.) ou les *Héroïdes* (vers 15 av. J.-C.) d'Ovide (poète latin, 43 av. J.-C.-vers 17 apr. J.-C.), mais les premiers romans épistolaires attestés comme tels n'ont vu le jour qu'à partir du XVIIe siècle.

En France, on retrouve ainsi des lettres fictives insérées dans des récits plus larges comme dans l'*Astrée* (1607-1628) d'Honoré d'Urfé (écrivain français, 1567-1625) ou dans *La Princesse de Clèves* (1678) de Mme de La Fayette (femme de lettres française, 1634-1693). Divers romans épistolaires, dont les *Lettres portugaises* (1669) de Guilleragues (diplomate et écrivain français, 1628-1685), voient également le jour et consolident la définition du genre.

C'est dans ce contexte que paraissent pour la première fois les *Lettres persanes* à l'étranger, d'abord anonymement et, surtout, sans même être qualifiées de roman épistolaire. Pour cela, il faut attendre les commentaires de Montesquieu, qui finit lui-même par caractériser son œuvre comme un roman : « Rien n'a plu davantage dans les *Lettres persanes* que d'y trouver, sans y penser, une espèce de roman. On en voit le commencement, le progrès, la fin ; les divers personnages sont placés dans une chaîne qui les lie. » (« Quelques réflexions sur les *Lettres persanes* », 1754, in *expositions.bnf.fr*)

D'autres romans du même genre, dont certains s'inspirent d'ailleurs des *Lettres persanes*, ont ensuite contribué à assoir le genre. Cette postérité est principalement représentée, durant ce siècle, par Choderlos de Laclos (général et écrivain français, 1741-1803) avec les *Liaisons dangereuses* (1782) et Jean-Jacques Rousseau (écrivain et philosophe de langue française, 1712-1778) avec *Julie ou la Nouvelle Héloïse* (1761).

L'originalité des *Lettres persanes* – et ce qui lui a valu son succès à l'époque – réside dans le regard étranger adopté par l'auteur. La forme épistolaire confère en effet un caractère authentique aux expériences et aux impressions véhiculées dans chaque lettre, tout en maintenant une certaine distance, puisque le récit et les réflexions sont pris en charge par des personnages persans. Cette distance apparente – Montesquieu a d'abord prétendu n'être que le traducteur de l'œuvre – ne sert que mieux les intérêts de l'auteur, puisqu'elle permet de ne révéler que progressivement le caractère incisif des lettres. Sous le couvert du roman épistolaire, la critique des travers de son époque n'est que plus féroce.

STRUCTURE DES LETTRES

L'ouvrage compte 161 lettres, écrites par une vingtaine de personnes pour autant de destinataires, ce qui permet de multiplier les points de vue (même si la majorité des lettres sont finalement écrites par Usbek et Rica). Il s'articule autour de deux grands thèmes : l'Orient et l'Occident, qui occupent la majeure partie de l'œuvre.

L'Orient

Les sujets ayant trait à l'Orient sont évidemment moins explorés, puisque le principal propos de l'œuvre concerne l'Occident, mais on peut tout de même distinguer plusieurs thèmes :

- les contes (lettres XI à XIV, LXVII, CXLI) ;
- la politique (lettres XIX, LXXX, LXXXI, LXXXVIII, CIII, CXXIII) ;
- la religion (lettres XVI à XVIII, XXXIX, LXXXV, XCIII, CXXV, CXLIII) ;
- le sérail (lettres II à IV, VI, VII, IX, XV, XX à XXII, XXVI, XXVII, XLI à XLIII, XLVII, LIII, LXII, LXIV, LXV, LXX, LXXI, LXXIX, XCVI, CXIV, CXV, CXLVII à CLXI).

À travers les mythes platoniciens, les contes permettent d'aborder les questions philosophiques chères à l'auteur. La raison, la vertu, la morale, également présentes dans la critique de l'Occident, voient ici leurs fondements démontrés par le biais d'histoires comme celle des Troglodytes. Dans ce conte, les Troglodytes ne survivent que grâce à la vertu de deux familles, qui permet de fonder une nouvelle nation. En exaltant ces notions philosophiques très prisées des Lumières, Montesquieu cherche à faire comprendre qu'elles sont le fondement de la société telle qu'il la conçoit.

La religion (islam, zoroastrisme [religion mo-
nothéiste de l'Iran ancien], etc.) et la politique
orientales sont assez peu présentes et seule-
ment abordées de manière concise. Le sérail est
quant à lui un lieu où – qu'Usbek y soit présent
ou non – les eunuques accordent aux femmes
de petits plaisirs pour les détourner de passions
plus coupables, ce qui ne les empêche pas de
finalement se révolter.

L'Occident

Les lettres qui concernent l'Occident sont en
revanche bien plus nombreuses et abordent des
thèmes finalement assez similaires, comme s'il
s'agissait d'établir une comparaison entre les
deux univers :

- les nations autres que la France (lettres XXXI,
  XLI, LXXVIII, CIV, CXXXIX) ;
- la religion (lettres XXIX, XXXV, XLVI, XLIX, LVII,
  LX, LXI, LXXV, CI) ;
- la philosophie (lettres LXIX, LXXVI, LXXVII,
  LXXXIII, XCIV, XCVII, CV, CVI, CXLIII) ;
- la politique (lettres XXIV, XXXVII, XLIV, LXXX,
  LXXXVIII, XC, XCII, XCIV, XCV, C, CII, CIII, CIV,
  CVII, CXI, CXII à CXXII, CXXIV, CXXVI, CXXVII,

CXXIX, CXXXI, CXXXVIII, CXLII, CXLVI) ;
- les Français (mœurs et portraits) (lettres XXIV, XXVIII, XXX, XXXII, XXXIII, XXXVI, XLV, XLVIII, L, LII, LIV à LXI, LXIII, LXVI, LXVIII, LXXII à LXXIV, LXXXII, LXXXIV, LXXXVI, LXXXVII, XCI, XCII, XCVIII, XCIX, CVII à CX, CXXVIII, CXXX, CXXXII à CXXXVII, CXL, CXLIV, CXLV).

La religion et la philosophie, pourtant au cœur de 18 lettres à peine, marquent par leur dimension critique. Peu après leur arrivée à Paris, Usbek et Rica critiquent déjà le christianisme : à leurs yeux, le pape est une figure artificielle, adorée par des gens crédules et sans réelle croyance ; les religieux, quant à eux ne respectent pas leurs propres règles. Selon eux, cette religion s'impose également trop et ne s'ouvre pas assez aux autres cultures. Les questions philosophiques sont essentiellement étudiées par Usbek, qui s'interroge sur la place de Dieu, la dualité entre l'âme et le corps ou encore la passion.

Les nations européennes, en dehors de la France, sont peu abordées, puisque les Persans y passent moins de temps, mais on décèle fréquemment dans leurs propos une pointe d'humour. Rica, plus caustique qu'Usbek, conclut ainsi sur la dissimulation et la badinerie dans la lettre LXIII (« Les professions ne paraissent ridicules qu'à proportion du sérieux qu'on y met : un médecin ne le serait plus si ses habits étaient moins lugubres, et s'il tuait ses malades en badinant »).

Les deux thèmes prédominants pour l'Occident sont sans conteste la politique et les mœurs françaises. Usbek et Rica présentent souvent les personnages qu'ils rencontrent à Paris à grand renfort d'ironie et de caricature. La politique est dans un premier temps quelque peu laissée de côté, mais les bouleversements de l'époque (la mort de Louis XIV, puis la Régence [1715-1723]) conduisent les Persans à se demander s'il n'y a pas un meilleur modèle ailleurs, tant ils sont désappointés par les manipulations à l'œuvre en France. Pour Montesquieu, réunir les pouvoirs législatif, exécutif et judiciaire entre les mains d'un seul homme (le roi) comporte un risque important, dans la mesure où cette omnipotence fragilise la position du peuple, qui est bien trop dépendant des décisions royales.

LE POINT DE VUE DE L'ÉTRANGER

Les *Lettres persanes* proposent la satire – critique

ou raillerie – des mœurs et des institutions françaises, et ce grâce à la « couleur orientale » qui, rendue populaire par la mode d'un exotisme ayant trouvé son public avec les *Mille et Une Nuits* (dont la première traduction française, par Antoine Galland, est publiée de 1704 à 1717), permet de « rappeler à chaque instant, par de menus détails, l'exotisme de la fiction » et justifie les « indications par lesquelles [l'auteur] a essayé de donner un peu de vérité à son roman oriental » (Martino P., *L'Orient dans la littérature française au XVIIe et au XVIIIe siècle*, Paris, Hachette, 1906, p. 293). En effet, le statut d'étranger d'Usbek et de Rica confère à leurs regards une candeur et une ingénuité souvent désarmantes.

Dès lors, ces personnages permettent par leur regard neuf de percevoir le ridicule dans bon nombre de pratiques françaises. Dans la lettre LII, Rica prouve le ridicule d'un groupe de femmes dont chacune critique le comportement des autres, et dénonce leur affligeante obsession à nier la vieillesse. Plus loin, dans la lettre LXVI, c'est au tour des (faux) savants d'en prendre pour leur grade, car ils tiennent absolument à laisser une trace à la postérité malgré leur ignorance.

C'est en règle générale les esprits et les comportements des Français qui sont passés au crible avec humour et ironie, de façon à faire ressortir leur ridicule.

Cette manière de procéder n'est pas une originalité de Montesquieu, puisque dans le texte « Des cannibales », tiré de ses *Essais* (1580), Montaigne (écrivain français, 1533-1592) compare le monde européen et le Nouveau Monde et, si la première partie de cet essai présente les us et coutumes des Indiens, la deuxième présente les Portugais du point de vue des Indiens – point de vue qui conduira à se demander qui sont véritablement les barbares.

On retrouve aussi le procédé chez Voltaire (écrivain et philosophe français, 1694-1778), notamment dans *Micromégas* (1752), où le géant Micromégas et le secrétaire de l'Académie de Saturne découvrent la Terre.

Dans ses *Cahiers* (1716-1755), Montesquieu écrit : « Le ridicule jeté à propos a une grande puissance. » (cité par EHRARD J., « Montesquieu dans Le Monde en 2002 », in *Revue Montesquieu*, Lyon, Société Montesquieu/UMR CNRS n° 5037/

Librairie Droz S.A., n° 7, 2003-2004, p. 167. Et c'est cette idée qui sous-tend par exemple la lettre XXIV écrite par Rica à Ibben :

> « Tu ne le croiras peut-être pas : depuis un mois que je suis ici, je n'y ai encore vu marcher personne. Il n'y a point de gens au monde qui tirent mieux parti de leur machine que les Français : ils courent ; ils volent. Les voitures lentes d'Asie, le pas réglé de nos chameaux, les feraient tomber en syncope [...]. Un homme qui vient après moi, et qui me passe, me fait faire demi-tour, et un autre, qui me croise de l'autre côté, me remet soudain où le premier m'avait pris ; et je ne fais pas cent pas, que je suis plus brisé que si j'avais fait dix lieues. »

Rica oppose ici la tranquillité de l'Orient et la frénésie de l'Occident : les Occidentaux sont toujours pressés et se fatiguent beaucoup pour finalement pas grand-chose. Rica ironise déjà en écrivant qu'ils volent, puis qu'ils seraient en syncope face au calme oriental – c'est le procédé de l'hyperbole, qui consiste à exagérer pour mieux marquer les esprits – , mais c'est dans sa conclusion qu'il acte définitivement la futilité de ce comportement : nul besoin de se fatiguer à l'excès, si ce n'est que pour 100 pas.

Outre le tableau satirique que Montesquieu brosse des mœurs, il développe aussi un art du portrait, digne de Théophraste (vers 372 av. J.-C.-vers 287 av. J.-C.), auteur grec des *Caractères* (IVe siècle av. J.-C.) dont Jean de La Bruyère (écrivain français, 1645-1696) s'est par la suite inspiré. Cet art est encore porté par la candeur et l'ingénuité des Persans. Par exemple, en visite chez un homme d'estime, Usbek s'interroge sur un homme grimaçant, mal habillé, sans esprit, mais qui fait mine d'en avoir, et voici ce qui lui est répondu :

« C'est, me répondit-il, un poète, et le grotesque du genre humain. Ces gens-là disent qu'ils sont nés ce qu'ils sont ; cela est vrai, et aussi ce qu'ils seront toute leur vie, c'est-à-dire presque toujours les plus ridicules de tous les hommes : aussi ne les épargne-t-on point ; on verse sur eux le mépris à pleines mains. La famine a fait entrer celui-ci dans cette maison ; et il y est bien reçu du maitre et de la maîtresse, dont la bonté ne se dément à l'égard de personne ; il fit leur épithalame lorsqu'ils se marièrent : c'est aussi ce qu'il a fait de mieux en sa vie ; car il s'est trouvé que le mariage a été aussi heureux qu'il l'a prédit. » (lettre XLVIII)

Là où la vision d'Usbek est relativement limitée, la réponse de son ami occidental permet d'étoffer le portrait, de sorte que c'est en combinant les deux points de vue qu'est produite cette esquisse féroce du poète, qui n'a fait de bien que prédire l'heureuse issue d'un mariage qui ne dépendait de toute manière pas de lui. Ce type de portrait, fréquent dans les observations de Rica et Usbek, conjugue description et satire pour renforcer le mordant de la critique.

LA PENSÉE POLITIQUE

La pensée politique est très présente dans les *Lettres persanes* et semble déjà annoncer les développements plus profonds et académiques de *De l'esprit des lois*. Qu'il s'agisse de mythes utopiques comme celui des Troglodytes (lettres XI à XIV) ou de l'établissement de la distinction entre la monarchie et le despotisme (lettre CII), un certain nombre de théories chères à Montesquieu sont en effet développées dans cette œuvre.

La pensée et – surtout – les doutes de Montesquieu sur le fonctionnement possible de la monarchie peuvent se résumer à ces mots de la lettre CII (que l'on retrouvera beaucoup plus longuement développés dans le livre VIII de *De l'esprit des lois*) :

> « La plupart des gouvernements d'Europe sont monarchiques, ou plutôt ainsi appelés : car je ne sais pas s'il y en a jamais eu de tels ; au moins est-il difficile qu'il aient subsisté longtemps dans leur pureté. C'est un état violent, qui dégénère toujours en despotisme ou en république : la puissance ne peut jamais être également partagée entre le peuple et le prince ; l'équilibre est trop difficile à garder. Il faut que le pouvoir diminue d'un côté, pendant qu'il augmente de l'autre ; mais l'avantage est ordinairement du côté du prince, qui est à la tête des armées. Ainsi, le pouvoir des rois d'Europe est-il bien grand, et on peut dire qu'ils l'ont tel qu'ils le veulent. »

Aux yeux de Montesquieu, la monarchie est loin d'être un modèle infaillible : il est inadapté à la réalité, voire corrompu. L'avantage est forcément du côté royal, puisqu'il a tous les pouvoirs, mais cela sous-entend qu'il n'y a aucun équilibre entre la volonté royale et celle du peuple. Il faudrait donc, selon lui, rééquilibrer la balance en séparant mieux les pouvoirs, en laissant au peuple une place dans la prise des décisions.

De même, s'exprime déjà son gout pour le système anglais, ainsi que son attrait pour la moralité et la vertu dans la lettre CIV :

> « Tous les peuples d'Europe ne sont pas également soumis à leurs princes : par exemple, l'humeur impatiente des Anglais ne laisse guère à leur roi le temps d'appesantir son autorité ; la soumission et l'obéissance sont les vertus dont ils se piquent le moins. Ils disent là-dessus des choses bien extraordinaires. Selon eux, il n'y a qu'un lien qui puisse attacher les hommes, qui est celui de la gratitude. »

À l'époque des *Lettres persanes*, la Grande-Bretagne se construit sur plusieurs points : elle s'est dotée d'un parlement dont les membres sont élus par l'aristocratie – la France devra encore attendre la Révolution (1789) –, a créé la Banque d'Angleterre et a officialisé l'intégration de l'Écosse (qui garde toutefois son indépendance sur plusieurs points). Surtout, le parlement est le théâtre de débats d'idées qui ne peuvent avoir lieu sous la même forme en France, où le roi décide de tout, tandis que le peuple doit se plier à ses décisions.

Contrairement aux Français, les Anglais ont donc

une certaine marge de manœuvre pour exprimer leurs opinions.

DE L'ESPRIT DES LOIS

De l'esprit des lois, l'une des plus célèbres œuvres de Montesquieu, est un essai publié en 1748 à Genève (Suisse). Son originalité vient du fait que l'auteur y avance des propositions assez avant-gardistes dans les cinq grandes parties de son ouvrage : les types de gouvernements, la liberté poétique, la théorie des climats, l'esprit général et les échanges. L'œuvre pose Montesquieu en théoricien du libéralisme politique et connait un grand succès littéraire, mais elle est toutefois critiquée par les conservateurs et les ecclésiastiques auxquels l'auteur répond en 1750, dans *Défense de l'Esprit des lois*.

Sur le plan politique, Montesquieu expose trois types de gouvernements : les gouvernements républicain et monarchique, animés par les sentiments positifs de la vertu et de l'honneur ; le gouvernement despotique, marqué par l'oppression et la crainte. La deuxième partie est également passée à la postérité en tant qu'elle promeut l'idée de la séparation des trois pouvoirs (exécutif, législatif et judiciaire), fondamentale en démocratie encore aujourd'hui.

DES QUESTIONS D'ACTUALITÉ

Si Montesquieu pose ici les fondements d'une pensée politique, il ne laisse pas pour autant l'actualité de côté. Il traite, par exemple, de la querelle d'Homère (poète grec de la fin du VIIIe siècle av. J.-C), débat célèbre au sein de la querelle des Anciens et des Modernes, dans la lettre XXXVI. La querelle a d'abord opposé deux auteurs, Anne Dacier (philologue et traductrice française, 1645-1720) et Antoine Houdar de la Motte (écrivain et dramaturge français, 1672-1731), représentants respectifs des Anciens et des Modernes. Chacun avait en effet publié sa traduction de l'*Iliade* (poème épique grec attribué à Homère), selon le style de son camp, ce qui a donné lieu à plusieurs années de débats sur l'auteur et ses traductions :

> « Par exemple, lorsque j'arrivai à Paris, je les trouvai échauffés sur une dispute la plus mince

qui se puisse imaginer : il s'agissait de la réputation d'un vieux poète grec dont, depuis deux mille ans, on ignore la patrie, aussi bien que le temps de sa mort. Les deux partis avouaient que c'était un poète excellent : il n'était question que du plus ou du moins de mérite qu'il fallait lui attribuer. »

LES ANCIENS ET LES MODERNES

La querelle dite « des Anciens et des Modernes » agite le monde littéraire à la fin du XVIIᵉ siècle et au début du XVIIIᵉ. Les Classiques, ou Anciens, menés par Nicolas Boileau (écrivain français, 1636-1711), conçoivent la création littéraire comme devant s'inspirer de l'Antiquité, voyant dans cette dernière une perfection jamais égalée. Les Modernes, à la suite de Charles Perrault (écrivain français, 1628-1703), soutiennent l'innovation, adaptée à l'époque contemporaine.

Plusieurs débats sont ainsi lancés : faut-il privilégier le latin ou le français pour les monuments publics ? Quelle est la pertinence des modèles antiques pour les auteurs futurs ? Certaines œuvres célèbres, à commencer par l'*Art poétique* (1674) de Boileau,

datent de cette époque. Malgré l'impor-
tance de cette querelle dans l'histoire de la
littérature, les débats n'ont persisté qu'un
temps et la prédominance des Modernes a
été assez rapidement acquise.

L'actualité politique est aussi au cœur des *Lettres persanes*. Louis XIV fait notamment l'objet d'une vive critique mettant ses contradictions en exergue : prodigue en dépenses futiles, il distribue des récompenses de manière arbitraire et souvent illogique.

Par ailleurs, Montesquieu s'intéresse aussi aux découvertes de la science et de la raison à travers le personnage d'Usbek, qui écrit ici au dervis (religieux musulman) Hassein à quel point les découvertes les plus basiques sont susceptibles de se transformer en miracles de la science. De fait, en partant de vérités qui paraissent évidentes au premier abord, les scientifiques dégagent d'autres vérités qui viennent démontrer l'étendue des conséquences des premières :

> « La première est que tout corps tend à décrire une ligne droite à moins qu'il ne rencontre quelque obstacle qui l'en détourne ; et la se-

conde, qui n'en est qu'une suite, c'est que tout corps qui tourne autour d'un centre tend à s'en éloigner, parce que, plus il en est loin, plus la ligne qu'il décrit approche de la ligne droite [...] » (lettre XCVIII)

Montesquieu s'attaque aussi à diverses questions d'actualité comme l'esclavage, traité dans la lettre CXVIII, où l'on peut lire que « quant aux côtes de Guinée, elles doivent être furieusement dégarnies depuis deux cents ans que les petits rois ou chefs de villages vendent leurs sujets aux princes de l'Europe », que « ces esclaves, qu'on transporte dans un autre climat, y périssent à milliers » ou encore qu'« il n'y a rien de si extravagant que de faire périr un nombre innombrable d'hommes pour tirer du fond de la terre l'or et l'argent : ces métaux d'eux-mêmes absolument inutiles, et qui ne sont richesses que parce qu'on les a choisis pour en être les signes ».

C'est sans doute cette prise avec l'actualité qui explique la bonne réception de l'œuvre, ainsi que l'entrée et le succès de Montesquieu dans les salons. En tant que philosophe des Lumières, celui-ci réunit dans les *Lettres persanes* les questions inhérentes au mouvement. Ses personnages effectuent un voyage d'études en quête de toutes les connaissances possibles, ce que lui-même fera d'ailleurs quelques années plus tard. Les valeurs qu'Usbek et Rica défendent sont chères aux Lumières : la tolérance (développée au fil de leurs contacts avec d'autres cultures), la liberté (par le prisme de Roxane, notamment), l'égalité (qu'ils découvrent avec le système anglais), mais aussi la raison et la nature.

PISTES DE RÉFLEXION

QUELQUES QUESTIONS POUR APPROFONDIR SA RÉFLEXION...

- Expliquez ce qui fait de cette œuvre un roman épistolaire. En quoi cette qualification a-t-elle pu être problématique ?
- Décrivez et comparez les personnages d'Usbek et de Rica. Apportent-ils chacun un regard différent sur les mœurs françaises ?
- Pourquoi Montesquieu choisit-il, à votre avis, de peindre la société française à travers le regard de deux étrangers ?
- Si les lettres sur l'Occident ont pour but de critiquer les mœurs françaises, quel est le dessein des lettres sur l'Orient ?
- Observez la lettre CXVIII. Quels sont les arguments mis en avant contre l'esclavage ?
- Comparez la démarche de Montesquieu dans les *Lettres persanes* à celle de Montaigne dans « Des cannibales ».
- Qu'est-ce qui rattache cette œuvre aux idéaux des Lumières ?

- Connaissez-vous d'autres philosophes des Lumières qui ont exprimé leurs idées via le roman épistolaire ?
- Citez d'autres romans épistolaires célèbres et comparez-les selon l'impact qu'ils ont eu sur leur époque.
- Les *Lettres persanes* ont fait l'objet de deux adaptations cinématographiques. À votre avis, comment les réalisateurs s'y sont-ils pris pour faire de cette œuvre épistolaire un film ?

Votre avis nous intéresse !
Laissez un commentaire sur le site de votre librairie en ligne
et partagez vos coups de cœur sur les réseaux sociaux !

POUR ALLER PLUS LOIN

ÉDITION DE RÉFÉRENCE

- MONTESQUIEU, *Lettres persanes*, Paris, Le Livre de Poche, coll. « Les Classiques de Poche », 2001.

ÉTUDES DE RÉFÉRENCE

- EHRARD J., « Montesquieu dans Le Monde en 2002 », in *Revue Montesquieu*, Lyon, Société Montesquieu/UMR CNRS n° 5037/Librairie Droz S.A., n° 7, 2003-2004.
- MARTINO P., *L'Orient dans la littérature française au XVIIe et au XVIIIe siècle*, Paris, Hachette, 1906.
- MONTESQUIEU, « Quelques réflexions sur les *Lettres persanes* », 1754, in *expositions.bnf.fr*, consulté le 23 octobre 2017. http://expositions.bnf.fr/montesquieu/lettres-persanes/extraits/quelques-re-flexions.htm

ADAPTATIONS

- *Petit à petit : lettres persanes*, film de Jean Rouch, avec Damouré Zika et Lam Ibrahima Dia, France, 1971.
- *Ispahan : lettre persane*, court-métrage de Jean Rouch, avec Jean Rouch et Farrokh Gaffary, France, 1977.

Retrouvez notre offre complète sur lePetitLittéraire.fr

- des fiches de lectures
- des commentaires littéraires
- des questionnaires de lecture
- des résumés

ANOUILH
- Antigone

AUSTEN
- Orgueil et
  Préjugés

BALZAC
- Eugénie Grandet
- Le Père Goriot
- Illusions perdues

BARJAVEL
- La Nuit des
  temps

BEAUMARCHAIS
- Le Mariage
  de Figaro

BECKETT
- En attendant
  Godot

BRETON
- Nadja

CAMUS
- La Peste
- Les Justes
- L'Étranger

CARRÈRE
- Limonov

CÉLINE
- Voyage au bout
  de la nuit

CERVANTÈS
- Don Quichotte
  de la Manche

CHATEAUBRIAND
- Mémoires
  d'outre-tombe

**CHODERLOS
DE LACLOS**
- Les Liaisons
  dangereuses

CHRÉTIEN DE TROYES
- Yvain ou le
  Chevalier au lion

CHRISTIE
- Dix Petits Nègres

CLAUDEL
- La Petite Fille de
  Monsieur Linh
- Le Rapport
  de Brodeck

COELHO
- L'Alchimiste

CONAN DOYLE
- Le Chien des
  Baskerville

DAI SIJIE
- Balzac et la
  Petite
  Tailleuse chinoise

DE GAULLE
- Mémoires
  de guerre
  III. Le Salut.
  1944-1946

DE VIGAN
- No et moi

DICKER
- La Vérité sur
  l'affaire Harry
  Quebert

DIDEROT
- Supplément
  au Voyage de
  Bougainville

DUMAS
• Les Trois
  Mousquetaires

ÉNARD
• Parlez-leur
  de batailles,
  de rois et
  d'éléphants

FERRARI
• Le Sermon sur la
  chute de Rome

FLAUBERT
• Madame Bovary

FRANK
• Journal
  d'Anne Frank

FRED VARGAS
• Pars vite et
  reviens tard

GARY
• La Vie devant soi

GAUDÉ
• La Mort du
  roi Tsongor
• Le Soleil des
  Scorta

GAUTIER
• La Morte
  amoureuse
• Le Capitaine
  Fracasse

GAVALDA
• 35 kilos d'espoir

GIDE
• Les
  Faux-Monnayeurs

GIONO
• Le Grand
  Troupeau
• Le Hussard
  sur le toit

GIRAUDOUX
• La guerre de
  Troie
  n'aura pas lieu

GOLDING
• Sa Majesté des
  Mouches

GRIMBERT
• Un secret

HEMINGWAY
• Le Vieil Homme
  et la Mer

HESSEL
• Indignez-vous !

HOMÈRE
• L'Odyssée

HUGO
• Le Dernier Jour
  d'un condamné
• Les Misérables
• Notre-Dame
  de Paris

HUXLEY
• Le Meilleur
  des mondes

IONESCO
• Rhinocéros
• La Cantatrice
  chauve

JARY
• Ubu roi

JENNI
• L'Art français
  de la guerre

JOFFO
• Un sac de billes

KAFKA
• La Métamorphose

KEROUAC
• Sur la route

KESSEL
• Le Lion

LARSSON
• Millenium 1. Les
  hommes qui
  n'aimaient pas
  les femmes

LE CLÉZIO
• Mondo

LEVI
• Si c'est un
  homme

LEVY
• Et si c'était vrai…

MAALOUF
• Léon l'Africain

MALRAUX
• La Condition
humaine

MARIVAUX
• La Double
Inconstance
• Le Jeu de l'amour
et du hasard

MARTINEZ
• Du domaine
des murmures

MAUPASSANT
• Boule de suif
• Le Horla
• Une vie

MAURIAC
• Le Nœud
de vipères

MAURIAC
• Le Sagouin

MÉRIMÉE
• Tamango
• Colomba

MERLE
• La mort est
mon métier

MOLIÈRE
• Le Misanthrope
• L'Avare
• Le Bourgeois
gentilhomme

MONTAIGNE
• Essais

MORPURGO
• Le Roi Arthur

MUSSET
• Lorenzaccio

MUSSO
• Que serais-je
sans toi ?

NOTHOMB
• Stupeur et
Tremblements

ORWELL
• La Ferme
des animaux
• 1984

PAGNOL
• La Gloire de
mon père

PANCOL
• Les Yeux jaunes
des crocodiles

PASCAL
• Pensées

PENNAC
• Au bonheur
des ogres

POE
• La Chute de la
maison Usher

PROUST
• Du côté de
chez Swann

QUENEAU
• Zazie dans
le métro

QUIGNARD
• Tous les matins
du monde

RABELAIS
• Gargantua

RACINE
• Andromaque
• Britannicus
• Phèdre

ROUSSEAU
• Confessions

ROSTAND
• Cyrano de
Bergerac

ROWLING
• Harry Potter à
l'école des sor-
ciers

SAINT-EXUPÉRY
• Le Petit Prince
• Vol de nuit

SARTRE
• Huis clos
• La Nausée
• Les Mouches

SCHLINK
• Le Liseur

SCHMITT
- La Part de l'autre
- Oscar et la
  Dame rose

SEPULVEDA
- Le Vieux qui
  lisait des romans
  d'amour

SHAKESPEARE
- Roméo et Juliette

SIMENON
- Le Chien jaune

STEEMAN
- L'Assassin
  habite au 21

STEINBECK
- Des souris et
  des hommes

STENDHAL
- Le Rouge et
  le Noir

STEVENSON
- L'Île au trésor

SÜSKIND
- Le Parfum

TOLSTOÏ
- Anna Karénine

TOURNIER
- Vendredi ou
  la Vie sauvage

TOUSSAINT
- Fuir

UHLMAN
- L'Ami retrouvé

VERNE
- Le Tour
  du monde
  en 80 jours
- Vingt mille
  lieues sous
  les mers
- Voyage au
  centre de
  la terre

VIAN
- L'Écume des jours

VOLTAIRE
- Candide

WELLS
- La Guerre des
  mondes

YOURCENAR
- Mémoires
  d'Hadrien

ZOLA
- Au bonheur
  des dames
- L'Assommoir
- Germinal

ZWEIG
- Le Joueur
  d'échecs

www.lepetitlitteraire.fr

ISBN version numérique : 978-2-8062-1860-5
ISBN version papier : 978-2-8062-1355-6
Dépôt légal : D/2017/12603/849

Avec la collaboration de Lucile Lhoste pour le résumé, pour l'encadré sur *De l'esprit des lois*, ainsi que pour le chapitre « Un roman épistolaire de renom ».

Conception numérique : Primento,
le partenaire numérique des éditeurs.

Ce titre a été réalisé avec le soutien de la Fédération Wallonie-Bruxelles, Service général des Lettres et du Livre.